乱世闯王——李自成

◎ 主编 金开诚

◎ 编著 张 威

吉林出版集团有限责任公司

吉林文史出版社

图书在版编目（CIP）数据

乱世闯王——李自成 / 张威编著 . 一长春：吉林
出版集团有限责任公司，2011.4（2022.1重印）
ISBN 978-7-5463-5016-5

Ⅰ.①乱… Ⅱ.①张… Ⅲ.①李自成（1606～1645）
－生平事迹 Ⅳ.① K827=48

中国版本图书馆 CIP 数据核字（2011）第 053443 号

乱世闯王——李自成

LUANSHI CHUANGWANG LIZICHENG

主编/ 金开诚 编著/张　威

项目负责/崔博华 责任编辑/崔博华 高原媛

责任校对/高原媛 装帧设计/柳甬泽 张宣婷

出版发行/吉林文史出版社 吉林出版集团有限责任公司

地址/长春市人民大街4646号 邮编/130021

电话/0431－86037503 传真/0431－86037589

印刷/三河市金兆印刷装订有限公司

版次/2011 年 4 月第 1 版　2022 年 1 月第 5 次印刷

开本/640mm×920mm 1/16

印张/9 字数/30千

书号/ISBN 978-7-5463-5016-5

定价/34.80元

前　言

　　文化是一种社会现象，是人类物质文明和精神文明有机融合的产物；同时又是一种历史现象，是社会的历史沉积。当今世界，随着经济全球化进程的加快，人们也越来越重视本民族的文化。我们只有加强对本民族文化的继承和创新，才能更好地弘扬民族精神，增强民族凝聚力。历史经验告诉我们，任何一个民族要想屹立于世界民族之林，必须具有自尊、自信、自强的民族意识。文化是维系一个民族生存和发展的强大动力。一个民族的存在依赖文化，文化的解体就是一个民族的消亡。

　　随着我国综合国力的日益强大，广大民众对重塑民族自尊心和自豪感的愿望日益迫切。作为民族大家庭中的一员，将源远流长、博大精深的中国文化继承并传播给广大群众，特别是青年一代，是我们出版人义不容辞的责任。

　　本套丛书是由吉林文史出版社和吉林出版集团有限责任公司组织国内知名专家学者编写的一套旨在传播中华五千年优秀传统文化，提高全民文化修养的大型知识读本。该书在深入挖掘和整理中华优秀传统文化成果的同时，结合社会发展，注入了时代精神。书中优美生动的文字、简明通俗的语言、图文并茂的形式，把中国文化中的物态文化、制度文化、行为文化、精神文化等知识要点全面展示给读者。点点滴滴的文化知识仿佛颗颗繁星，组成了灿烂辉煌的中国文化的天穹。

　　希望本书能为弘扬中华五千年优秀传统文化、增强各民族团结、构建社会主义和谐社会尽一份绵薄之力，也坚信我们的中华民族一定能够早日实现伟大复兴！

目录

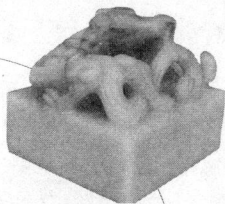

一、腐朽统治
民不聊生

李自成生于明神宗万历三十四年，也就是1606年。万历朝是大明王朝的封建统治由盛转衰的一个重要的历史时期。万历朝后期，万历皇帝每天呆在深宫之中，声称有病，居然二十多年不见朝臣，不管朝政，醉生梦死地过着极其糜烂的生活。不仅如此，他还为了满足自己的私欲，维持自己和王孙子弟们的奢华生活，先后派遣大批的宦官到各地收税，对百

姓进行敲骨吸髓式的搜刮。这种昏庸的
做法连他的大臣也看不惯了，提出警告
说："皇帝怎么能只想要自己的黄金高过
北斗星，却不让普通百姓有一斗米的储蓄
呢！皇帝想要自己的子孙能够统治千年万
年，却让百姓们朝不保夕。我们回头看看
以往的历史，朝廷做到这种地步，国家走
到这步田地，天下必乱。"

　　万历中期之后，社会更加腐败，明朝
统治集团内部斗争愈加激烈。明熹宗在

位的时候，大权实际上已完全掌握在大太监魏忠贤的手中。魏忠贤掌握着特务机构"东厂"，可以任意逮捕人，任意廷杖大臣，任意把反对他们的人推进监狱定罪处死。东厂的爪牙们见谁家中富有，就诬陷谁为盗贼，先对人进行严刑拷问，给无辜的人安上罪名，随后再瓜连蔓引，把更多无辜的人投进监狱。京城内外，布满了东厂的密探，百姓一句不慎，就有被割舌、砍头、剥皮的危险。

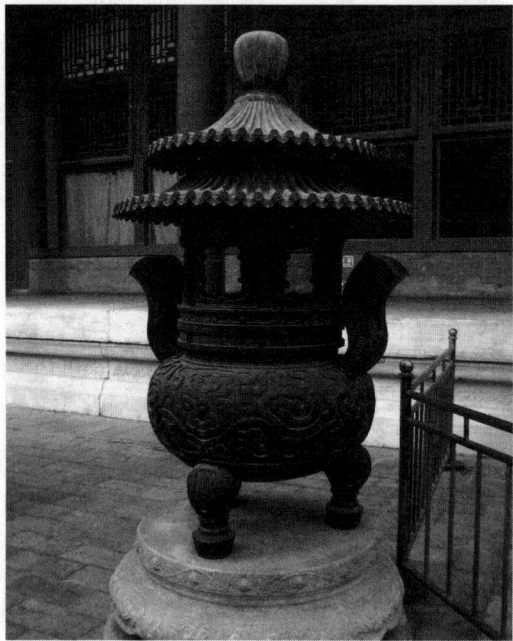

　　朝中无耻的官僚见魏忠贤气焰熏天，便千方百计地巴结逢迎。魏忠贤的家族亲戚，全都占据着国家的要职，高官厚禄。甚至还没学会走路的婴儿也被封侯、封伯。在这种情况下，明末的统治已经达到了腐朽黑暗的顶点。

　　面对着魏忠贤等人气焰熏天、飞扬跋扈的现状，有识的知识分子们认识到了问题的严重性，再也坐不住了，纷纷向皇帝谏言。其中的代表就是"东林党"，东林党人陆续给皇帝上书，可惜魏忠贤等人的势力早已壮大，正所谓树大根深，不可撼动。东林党人失败后，阉党的势力盛极一时，宰相六部都得顺着魏忠贤的意思办事，这造成了我国自汉唐宋以来空前酷烈的宦官专权的局面。

明熹宗死后，朱由检即位，他也就是我们所熟知的崇祯皇帝。朱由检即位时，为了巩固皇位，消除隐患，虽然对魏忠贤的人采取了严厉的惩罚手段，为过去的东林党人昭雪过冤狱，但是在政治上并没有多大起色。明朝崩溃的趋势，已如江河日下，无法挽回。

崇祯在位时，水灾、旱灾、蝗灾，年年不断，饥荒、疾病遍布全国，尤其以陕西、山西、河

南最为严重。据一位目睹崇祯元年（1628年）陕西灾区惨象的人讲：延安府大旱，许多人吃山里的野草度日，野草吃尽了吃树皮，树皮吃尽了就挖观音土吃，不几天就腹胀下坠而死。县城里，弃婴遍地，刚刚来到这个世界就被遗弃，今天被丢掉明天就死掉，后天又再有人丢弃。城外的尸体一个摞着一个，臭气熏天，埋都埋不过来。

在这种情况下，被统治者当做粪土的亿万受压迫的农民日益觉醒，不断奋起

反抗。万历年间农民起义实际已经拉开了序幕。崇祯时，各地人民的反抗斗争此起彼伏，范围越来越广，声势越来越大，最后汇集成为我国古代历史上规模最大的一次农民革命战争。明朝二百七十六年的封建统治也终于在这场轰轰烈烈的农民起义的战火中土崩瓦解。

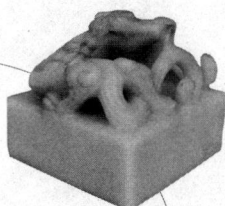

二、少年壮志
拜师学艺

李自成生于万历三十四年八月二十一日（1606年9月22日），诞生于陕西米脂县李继迁寨的一间旧窑洞里。

米脂县地处黄土高原，气候干旱，少雨多风，地势高寒，土地贫瘠，一年四季收获的粮食十分有限。全县的耕地本来就很少，大多数又都被乡官地主们霸占，农民生活异常贫苦，吃顿饱饭都很难。

在陕北米脂县西部，距县城二百里

左右有个偏僻的小山村，名叫李继迁寨，只有十多个窑洞。这里就是明末农民革命的杰出领袖李自成的故乡。

李继迁寨有百十户人家，已有几百年历史。自朱元璋建立大明王朝之后，即有人来此定居。居民大多数为李姓，寨主李继迁是远近闻名的秀才，占有黄土沙田几千亩，只靠种田为生。这里的土地贫瘠，即使风调雨顺每亩田也只收几斗粮食。倘若遇到旱涝或蝗灾，几乎是颗粒不收。人们纷纷出外逃荒要饭。李继迁在世时勤俭持家、精打细算，日子过得还算可以，等到他去世后，他的子孙一代不如

一代，都不务正业，不过数十年就将家产耗尽，都变成了穷光蛋，难以维持生计。遇到灾年不得不靠吃草根树皮过活。

后来，李继迁的后代只剩下一两家，而好多李姓都是外来户，李继迁寨只是徒有其名罢了。在外来李姓中有一个人名叫李守忠，他虽不是李继迁的本家，但有点远亲关系。他的祖先自洪武年间迁来这个村寨后，世世代代以种田为生。曾祖父为他们置下几亩黄土沙田，每年种小米、玉米或地瓜，深耕细作多施农家粪肥，秋后可以打下几石粮食，尚可以维持生活。到了李守忠爷爷那一代仍继承父业，虽然拼命劳作可是年成总是不好，不是旱灾就是涝灾，为了活命不得不把祖先留下的田产变卖。李守忠的父亲也是个勤劳的农民，每年终日不停地干活，很想恢复爷爷的家业，靠种自己的田地过日子。可是积劳成疾一病不起，不久离开人世，抛下妻子和两个不懂事的男孩——李守忠、李守孝。妻子靠着亲友接济和做

些针线活将两个儿子抚养成人。守忠和守孝为地主放羊放牛当长工，积存下一点钱，又买下几亩田，李家的日子总算有所好转。

李自成的曾祖父李世甫，祖父李海，父亲李守忠，祖孙几代人丁不旺。李守忠为了改变这种状况，很想多生几个儿子。李守忠本来有个儿子，叫李鸿名，但李鸿名的母亲早死，李守忠又娶了石氏。石氏到李家后多年未育，李守忠很着急，于是便同石氏一起到华山进香，祈求神灵赐给他们一个儿子。后来，石氏果然生下了一个儿子，取名"鸿基"，也就是后来的李自成。据历史记载，在李自成出生那天，李守忠梦见一个壮士骑马突然闯入他家，长啸数声，绕了屋子一周，醒来时李自成即降生。他的母亲也梦见一个骑马人来到他家，所以就给李自成起了个"闯儿"的乳名。一个月后，李自成的嫂子也生了个儿子，名字叫李过。李过后来混名"一只虎"，成为李自成起义后的得力帮手。天命之年的李守忠接连添子、添孙，自然十

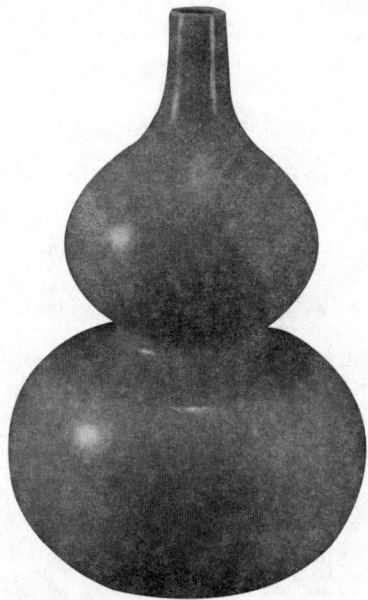

分高兴。因此他给孙子起了个乳名叫"双喜"，意即双喜临门。李过出生后三个月，父亲李鸿名就得病死去了。接着没过几年，他的母亲也改嫁了。这样，李自成虽曾有过一个哥哥，但对李家来说还是形同单传，一根独苗。

李自成祖上几代都以务农为生，李守忠为了继承父业，也踏踏实实地在农田劳动，但是家里的经济状况却一天不如一天。官府强征各种苛捐杂税和额外的搜刮剥削，使人民生活更加困苦，全家常常挨饿。李守忠怕自己劳动一年种田所得养活不了孩子老婆，"万般皆下品，唯有读书高"，他想还是应当把孩子们培养成人，让他们参加科举考试，一旦高中便可升官发财。于是等到李自成8岁时，李守忠东借西凑了几十文钱，勉强把他和李过送到村塾里去上学。但令李守忠老汉伤心的是，这叔侄二人似乎都不是读书的材料。不仅在私塾喜欢与人打架斗殴，而且一有机会就跑到外面，同其他孩子们摔打斗勇，逃学成了家常便饭。他们经常挨先生的板子，有时李守忠气极了，也关起门来揍他们。

尽管李自成叔侄二人调皮捣蛋，还是在私塾里待了五年。在李自成13岁那年，母亲去世，父亲也已是六十多岁，家境越来越困难。他和李过一天天长大，反而更不听约束，李守忠也管不住他们。他们时常和几个年龄相仿的朋友一起在外玩耍，还偶尔到酒馆里喝喝酒。其中有个孩

子叫刘国龙，和李自成同龄，二人相处得

最投机。陕北地处三边，许多老百姓是养

马户，为军队提供战马。这使得李自成自

小就善于骑马。他和刘国龙等人经常到

野外骑马奔驰，十分开心，比在私塾里读

书快活多了。这样，李自成的学业更加荒

废，对读书也越来越不感兴趣了。尽管如

此，李自成还是粗通文墨，这也成为他后

来纵横天下的重要资本。与那些目不识丁的草莽英雄相比，李自成算得上是一个有文化的人了。有一天，李自成与李过、刘国龙三人一块喝酒，慷慨激昂地说道："我们应该学习武艺，成就大事，读书有什么用！"打那以后，他们就偷偷地拜师练起武来。

同伴中有人想离开，走读书科举的路，遭到李自成的讽刺嘲笑。李自成认为，世道太黑暗，社会上贿赂盛行，要想

金榜题名，不仅要书读得好、文章写得好，而且还要有钱行贿。对普通百姓子弟来说，那只能是可望而不可即的事。他想利用自己身强力壮的优势，决心凭武艺横闯天下，那要比读书科举痛快得多。

有一天，李自成杀了一只鸡，当做牲礼，和刘国龙、李过一起去关帝庙，模仿桃园三结义的故事，三人要结拜为兄弟，准备一块到外边闯天下。根据李自成的提议，三人要比武力。在神座前放着一座铁炉子，重七十三斤。李自成上前抓住，一手举起，绕殿转了一周，然后放回原处。刘国龙扎紧腰带，也走上前用一只手来举，铁炉原封不动，用两手抓住才勉强举起，只走了五步，支撑不住，只好把铁炉放下。轮到李过，他用一只手奋力一举，没有举起，只能像刘国龙那样用两手举起，走了十多步就停了下来。李自成又一次走上前，用一只手举起，又绕殿一周，放回原处。一个道士路过此地，看到

这种情景感到很惊讶，对李自成讲："你父亲一生做事行善，所以才有了你，你要继承父业呀。"李自成大声说道："大丈夫天下闻名，自成自立。如果死守着父业，难道还是男子汉吗？3岁前，曾梦伟将军喊我李自成，今即改名自成，号鸿基。"从此以后，李自成这个名字就开始使用了。刘国龙、李过和李自成他们三个人同一年生，刘国龙和李过看到李自成的力量如此之大，都甘拜下风。他们三人以后在一起无论做什么事，都以李自成为老大。

李守忠听说他们三人经常在一起喝酒玩耍、耍酒风、惹是生非，特别生气，便把李自成和李过叫到一起，把他俩训斥一通，并准备请个严厉的老师来管教他们。李自成不愿意受那种约束，便一个人偷偷离家跑到延安学武去了。他听说延安有个懂武术的罗教头，过去是军队中的将领，武艺高强，就拜他为师，和其他徒弟一起练习武艺。别看李自成在私塾经常逃学，但练起武来却十分卖劲。他天天和师兄弟奔逐骑射，玩刀弄棍，非常高兴。

李自成在延安只练了四个月，武艺颇有长进，便给李过和刘国龙寄信，要他俩一起来练武。李自成的父亲正为不知自己儿子的下落而着急，突然间从李过那

里见到那封信, 这才知道李自成在延安学武。正月十六日是个吉利日子, 李守忠于是起身去延安找李自成。李自成当时正练单刀, 刚入门径, 不愿随父亲回家。罗教头看到他父亲辛辛苦苦地找来, 也一再劝李自成回去。李自成拗不过, 只好随父亲回了老家。但他回家后, 觉得在家是虚度光阴, 便又生出去练武的想法, 甚至想和刘国龙、李过一起偷跑。李守忠发现后, 看这样也不行, 三个月后便把罗教头从延安请到自己家中, 专门教他们三人

练武。李自成当然十分高兴，练得非常起劲，进步很快。他的身体变得更强壮了，为以后纵横天下打下了基础。

陕北是军事要地，历代王朝都曾在这里驻扎重兵，这里的民风也特别强悍。对于李自成来说，这段练武的经历非常重要，在某种程度上决定了他一生的命运。因为中国武术不仅讲究强身健体，而且特别重视武德。一般来说，自己懂武术，不得轻易伤人，而是要扶危济贫，除暴安良。同时，李自成通过学习武术也学到了一些为人处世的原则，比如不贪财、不好淫、要为人大度等。这为他以后成为农民起义领袖提供了有利条件。

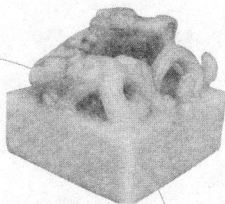

三、受尽欺凌
逆境而起

李自成的青少年时代谈不上幸福。他很小就替父母分担起谋生的责任，可谓是饱尝艰苦，还时常受到大户人家的污辱。这使他从小就对大户人家充满着仇恨和敌视。

后来，父亲去世了，横行乡里的艾霸天就上门讨债，新债老债加利息，李自成这辈子也还不清。由于生活所迫，李自成就偷偷跑到银川当了马夫。银川驿在米

脂县城内，北至榆林鱼河驿九十里。驿马夫是个苦差，一年到头风里来雨里去，投递公文，护送往来官员过境，时时刻刻都得提心吊胆。每人每天只能领工食银二分，不够买半升米，一个人吃饱都难，如何能养活全家？

艾家不断派人上门索债，实在难以应付。李自成为债务所逼，到艾家去求情，艾老爷正在陪客人，看门的不让他进去。他便在门前的石坊上躺下睡觉，袒胸露背，颇不文雅。艾老爷出门送客人，发现李自成在自家石坊上睡觉，不禁大怒，把李自成狠狠痛骂了一顿。李自成十分生气，第二天故意在艾家大门口撒尿，结果让别人看见了。几个壮丁把李自成抓住送到艾家院内，一顿毒打，打得皮开肉绽，后来又把他拴在一根柱子上大半天，饥渴难熬。这时，艾家的小儿子出来了，手

里拿着馅饼，李自成也不讲男子汉的尊严了，低声下气地向这个孩子要剩下的半块馅饼吃。艾家的小儿子边骂边说："我宁肯喂狗，也不给你吃！"然后把饼扔在地上，接着用脚在上边狠踩了几下，扬长而去。李自成受到如此羞辱，恨得咬牙切齿，然而却无可奈何，只能将仇恨埋在心里。

在李自成当驿卒期间，他所骑的驿马不知何故一连死了好几匹，上司责令他照价赔偿，毫无商量的余地。死驿马的事还未了结，他不知怎么一疏忽，又把一份投递的公文弄丢了。哪料一波未平一波

又起,家中又出了桩人命案子,闹得他焦头烂额,简直不可开交。事情的经过是这样的:一个衙役趁李自成平时外出在外,暗中竟勾搭上了李自成的妻子韩氏。日子一久,奸情终于败露。某天的黎明,李自成突然闯回家,正碰上这个衙役和自己的妻子厮混。李自成顿时满腔怒火,持刀就砍,衙役夺门而逃。李自成极端愤怒,便不顾一切,回头一刀杀死了自己不贞的妻子。左右邻居见出了人命,将他扭送到县里,交给官府处理。于是他被关进了大牢。

艾老爷趁危索债,唆使米脂县县令

把他打入死牢。衙门里很多衙役都十分同情他，为他奔走说情。李过为营救自己的叔父，到处借钱，上下行贿，但都不管用。

一天夜深人静，李自成在狱卒的帮助下终于越狱成功，带着侄儿李过出外逃亡。

叔侄俩先到绥德州，找到过去认识的朋友钟姓武生，向他说明了情况。主人便将他们安排到了一个僻静的窑洞中歇宿。

当夜幕降临时，窑洞外飘起了雪花。那一夜雪下得很大，连窑门也很快要被堵上了。天太冷了，他们的手脚都冻僵了，

等了许久也不见钟家的人影。李自成想出外去找点木柴，生火取暖。但到什么地方去找呢？离这不远有座文庙，里面有许多牌位，抱些来当"劈柴"不是很好吗？这样想着，李自成扒开堵门的积雪，来到文庙抱了一大堆"劈柴"，立刻在窑洞里生起火来。

李自成并不明白这么做意味着什么，祸事又一次降临到他的身上。第二天天刚亮，文庙牌位被烧的事很快被发觉。李自成被扭送官府，受到严厉的审讯。不过这次总算幸运，没被关押太久，枷责示众之后，就被释放了。

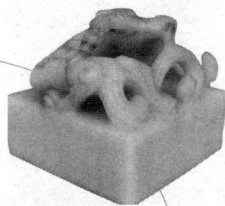

四、艰苦磨炼
崭露头角

李自成叔侄二人在绥德呆不下去了，于是便来到甘肃，投奔总兵杨肇基。甘肃的小股农民起义时有发生，杨肇基总是派亲兵前去镇压。这些亲兵也同造反的农民一样，有机会就抢劫一通。李自成却与众不同，他不抢劫，还将擒获的一些壮士偷偷放走。当时各地的武将都特别留心网罗勇武之人，以便留为己用。李自成身材高大，强壮有力，又学过武术，所以深受杨肇基的赏识，很快提升为总旗，统领五十人。总旗虽是个小头目，手下人员不多，但对李自成来说，这也算是个施展抱负的机会。

若甘肃东部有警时，李自成便自告奋勇，前去镇压。他心想，这些起义的"响马"中有不少英雄人物，可趁机结识几个，遇事时必有用处。当时高迎祥正率领百余人在陕甘边境一带活动，自称"闯王"，颇有英雄气概，时出劫掠。李自成在当地连续搜索了三天，连高迎祥的影子也没见着。忽然，身着白袍白巾的高迎祥带领着几个人来到李自成军前，大声喝道："高闯王在此，速让道！"李自成骑在马上对高迎祥说："看你也是条汉子，为何

要做强盗呢?我奉命来捉拿你。"高迎祥厉声喝道:"能者来战!"遂飞骑前来。李自成迎战。他们对打了好一阵子,二人武艺不分高低。李自成便停下来说道:"自古好汉识好汉。看你的相貌,一定不是平常人。可以的话,我们下马相见,我有一句话要告诉你。"二人于是下马叙礼,并走到一个土山上结拜为兄弟,发誓"患难相扶,富贵共享"。二人依依惜别,李自成杀他人报功,于是升任把总。

1629年年底,清兵内犯,甘肃巡抚梅之焕和总兵杨肇基率兵去京师勤王,以王参将为先头部队,李自成和他的挚友刘良佳都变成了王参将的部下。他们二人发现王参将是个庸才,在他手下做事颇不甘心。李自成不甘居人下,很想有番作为,他等待着另谋生路的机会。

1630年,李自成离开梅之焕部,投靠到活动于西川地区的张孟存的队伍中。张存孟不是个成大器的人,也没什么策略。

在洪承畴的围剿下，接连失败，便主动向官军乞求招抚。为了向官军表示自己的诚意，他还背叛朋友，杀害自己的伙伴。张存孟活动在延绥一带，时而投降官军，时而反复，后来终于被洪承畴所擒杀。李自成看他胸无大志，也不能容人，只在张存孟手下待了两三个月，便领着李过和自己的一小部分人马投靠高迎祥去了。

大约于1630年，李自成就已和高迎祥联合在一起共同作战了。高迎祥号称"闯王"，在当时各支农民起义队伍中是实力较强的一支。他是陕西安塞人，在1628年发动起义。因为他较有谋略，心胸开阔，大家都十分愿意和他联合起来共同作战。如"曹操"罗汝才，"革里眼"贺一龙，"争世王"刘希尧等一大批著名的农民军将领，当时都想与高迎祥联合作战。李自成和高迎祥是结拜兄弟，自然备受高迎祥的重视。

大明朝廷对陕西各地农民纷纷起义

颇为震惊，便调集能干的将领率重兵前往镇压。1629年正月，明廷命令杨鹤为三边总督，围剿各路农民起义军。年底，崇祯帝又任命洪承畴为延绥巡抚，配合杨鹤进剿。陕西近年连遭旱灾，再加上官府加征勒索，老百姓已困苦不堪。官府对农民军采取剿抚并用的两面策略，有的被镇压下去，有的受抚招安，但大部分则流动到邻近的山西一带。1630年年底，在陕西的各支农民起义队伍相继进入山西。

高迎祥和李自成这时也都在山西一带活动。闯王高迎祥和闯将李自成二人关系虽比较密切，但并不是从属关系，都各自领一营，他们有时单独行动，有时则联合起来对付官军。各营的情况也千差万别，有的纪律较严明，有的纪律就较差。他们的粮食大都是劫掠而来，劫掠的主要对象是各地富室大户。高迎祥还曾经把自己抢来的漂亮女子邢氏送给李自成为妻。由此也可见，二人确实有着一种不同寻常的亲密关系。

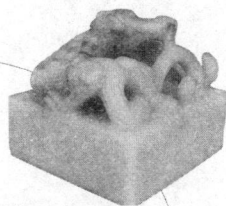

五、百姓困苦
揭竿而起

全国的灾情已经不容忽视，陕西一带的灾情更为严重，但官府的加征有增无减，如同火上浇油，使得无以为生的农民纷纷加入到造反的队伍中来。陕西造反农民军最多，也是官府镇压的重点和难点。官府一去镇压，他们便渡过黄河，进入山西一带活动。李自成的势力也是在这种情形下在山西一带一天天壮大起来的。

1632年秋天，李自成等农民军接二连三攻克了大宁等地。年底，正当宣大总督张宗衡和总兵尤世禄对紫金梁紧追不舍的时候，李自成等部却一举攻占了辽州（今山西左权县）。张、尤二人没有办法，只得带兵掉转方向，增援辽州。尤世禄也是员勇将，他和他的儿子尤人龙奋勇参战，攻打城市，激战两天，二人都被农民军射伤。李自成虽奋力抵抗，但终因寡不敌众，最后决定弃城而走。在突围时，李自成的农民军损失相当大，战死一千三百余人。但这次战役为掩护紫金梁等部转移起了重要的作用。紫金梁等部在西阳山被官军打败，损失惨重，他自己也受了重伤。在尤世禄等官军的共同追击下，他接连失利。正是因为李自成攻占辽州，牵制住了官军，紫金梁才从容地往晋北转移。紫金梁在山西北部连续打了几个胜仗，并进入榆次，其先遣部队逼近太原。

李自成的起义军势力起初很小，有

时只好投靠在别人名下。但李自成在众头领中是一个比较有心计、会笼络人才的人，打起仗来也知道讲究些方法，所以他的农民军势力壮大得较快。在山西活动的所谓三十六营中，闯将李自成是唯一一个独立的营。在和官军的几次战斗中，李自成显示出其特有的才能，使他在三十六营中的地位日益提高。

在1632年攻克大宁等地的战役是农民起义军在山西的一次重大战役，李自成在此时已崭露头角。

同年，李自成由山西南部突然进入河南，一举攻占修武县城。修武知县刘凤翔慌忙逃走，后被李自成捉拿杀掉。李自成在修武县停留三天，立即撤出，他接着又率部攻破清化镇，并连续攻打辉县、济源等诸多县城，兵锋直逼怀庆。李自成这支农民军突袭河南，使明廷大为震惊，因为他使得农民造反的战火开始向中原燃烧。河南的地方豪强纷纷上奏，请求朝廷派兵镇压。河南巡抚樊尚景匆忙派兵增援怀庆，明廷又急令副总兵左良玉由昌平驰援河南。山西巡抚宋统殷也率军参战，企图截断李自成回山西的退路。李自成行军打仗，特别注意掌握各路官军情况。他大量派出探子，到处侦察官军动向。他看到官军四集，于是马上决定往北撤退，很快撤回山西平阳，在汾西一带活动。

面对官军的重兵围剿，李自成和高迎祥进行了密切的配合，发挥流动作战的优势，避实击虚，主动从山西转移，避开官军重兵。他俩率部辗转来到河南，活动于黄河以北地区。与此同时，另外几支农民军也由山西移师河北。这时，由于闯王

高迎祥和闯将李自成所率领的农民军力量较大，所以成了官军追剿的主要目标。

1633年夏秋交替之际，高迎祥、李自成二部在汲县一带与官军展开了一场恶战。他们从汲县一直打到怀庆、济源一带，其兵锋势不可挡。巡抚玄默不得不调集四路官军合剿，兵力上占据了明显优势。双方展开了一系列的大战，高、李的农民军伤亡十分惨重。

为了摆脱这种被动局面，李自成和张妙手、满天飞等首领秘密协商，决定诈降，表示愿接受招抚，以拖延时间，想乘机渡河南下。在向官军开列的受抚名单上，也有闯王高迎祥、闯将李自成、八大王张献忠。但李自成没到官军中去，因为这只是一种地地道道的缓兵之计，是一种策略。正当明军首领庆功之际，约十余万农民军悄悄地从四面八方集结到黄河北岸。此时已是农历十一月底，天气特别冷，又在刮大风，黄河上结了厚厚的一层

冰，尤其是在渑池县境内的野猪鼻，冰结得最厚，俨然成了天然的冰桥。在这里守卫的明将是守备袁守权，下属的兵士不多。李自成率众向袁守权发起突然攻击，将其杀死，李自成等诸部农民军浩浩荡荡地从冰上渡过黄河，进入了河南。在武安、涉县一带的农民军听到消息后，也迅速渡河南下。于是，十几万农民起义军便陆陆续续进入了河南，从而开辟了一个新天地。

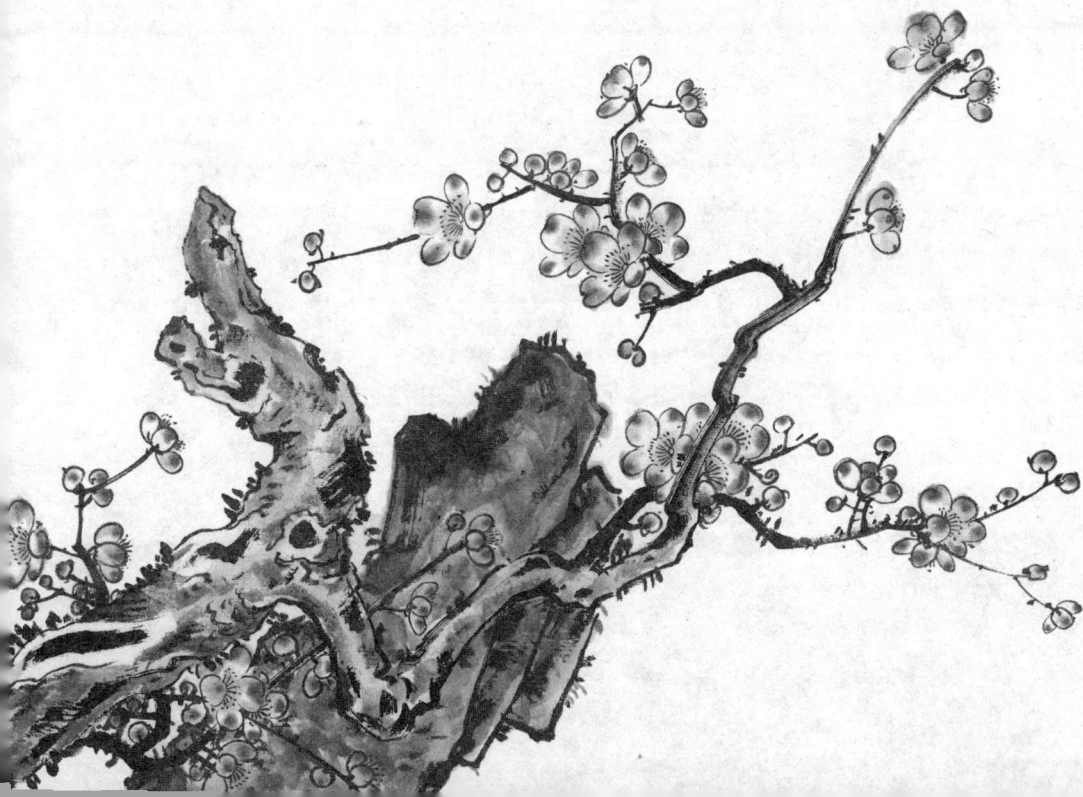

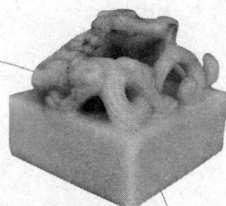

六、官军围剿
同伴牺牲

农民军渡过黄河后开始分兵行动。
一路南下湖广地区，由"曹操"罗汝才率
领。另一路西入武关，打算重回陕西，由
满天星、一斗谷等首领率领，兵力大约八
个营十余万人。第三路从卢氏向东进发，
由李自成、张献忠和高迎祥等部组成，在
攻打汝宁未果的情况下，转而进入南阳和
湖广的襄阳一带。诸部分头行动，这样不
仅行动起来比较方便，而且也可以分散

官军的注意力。

1635年李自成等部攻下了明朝的龙兴之地凤阳，将龙兴寺、皇陵烧为灰烬。起义军烧毁皇陵的消息传到京城，令崇祯皇帝大为惊骇，更加疯狂地镇压农民起义军。崇祯皇帝为了尽快剿灭农民军，一边下令严惩失守凤阳的有关官员，一边加紧调兵遣将，集结兵力。他下令洪承畴率兵入河南，命山东巡抚朱大典接替凤阳巡抚，急趋凤阳上任。松潘副将秦翼明刚刚到达河南，就接到朝廷命令，马上由归德增援凤阳。

此时农民军同明军已经在秦西展开了一系列决战，先后攻克了马川、宁州。消息传到明军大营，总督洪承畴忧心忡忡，不知如何是好。正当他犹豫不决时，骄横无比、气势汹汹的武将曹文诏闯进帐来，请求同西面义军决一生死。洪承畴此时正愁无人迎战，兴奋得拍拍曹文诏的肩膀说："剿灭这股劲敌，非将军莫属啊！我正愁找不到人前去救援，将军请立即出征，我一定会给你后援的！"曹文诏得令后，带上三千部卒，直扑宁州。

李自成等人听说曹文诏率军前来的消息，个个摩拳擦掌，恨不得一下把这个十恶不赦的刽子手砸成肉饼，为死难的兄弟报仇。但李自成并没有大意，而是制定了更为详细周密的计划。采取诱敌深入的作战方针，杀得曹军伤亡惨重。自高自大的曹文诏见大势已去，便拔剑自刎了。

这场漂亮的围歼，使得农民军气势

大涨，主将李自成声威震动汉中，而明军则士气低落，总督洪承畴闻讯拍案痛哭，后悔不该让曹文诏出战，整个统治阶层也为曹文诏的阵亡而震惊。

这次战役之后，李自成更是如鱼得水。在故土作战，地形熟悉，人民拥护，为歼灭敌人奠定了一定的基础。李自成一面着手联络各路义军，一面与洪承畴展开游击战。时而行军，时而攻城，牵制明军，同时打击地主，把地主们剥削来的粮食分给百姓。这样一直坚持到高迎祥等主力回到汉中。经过了这场斗智斗勇的战争，李自成和部下经受住了考验，部队得到了锻炼，作战水平有了大幅度的提升。

1636年，当李自成率兵纵横关中之时，闯王高迎祥部遭到了卢象升的围攻，损失惨重，最终挣脱包围，向秦地转移。

而后，后金祭告天地，改国号为大清，皇太极得皇帝尊号。从此，满清贵族打着大清的旗号进攻中原，明王朝陷入腹背受敌的困境。由于民族矛盾的激化，起义军在与明军作战的同时又肩负起抗清的任务。

在这种情况下，高迎祥部是农民起义军中实力最强的一支，自然被明军视为眼中钉、肉中刺，急欲除掉他。新任陕西巡抚孙传庭到达陕西，和洪承畴分担防务。孙传庭充当了围剿高迎祥部的主力。一场以高迎祥部为主要目标的反动围剿开始了。

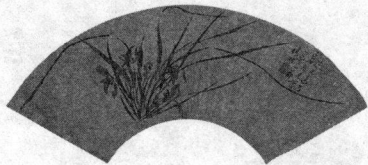

　　高迎祥率部转移到黑水峪，尚未站
稳脚跟，洪承畴和新上任的陕西巡抚孙
传庭便尾随而至，双方于是混战在一起。
起初，农民军还打了一个小胜仗，而且官
军的参将李遇春也被击伤，差点成了农
民军的俘虏。恰在这时赶上连绵大雨，高
迎祥率领着农民军到处转移，躲避大雨，
部下都疲惫不堪，许多人还生了病，就连
高迎祥本人也疾病缠身，只能强打精神

勉强指挥战斗。这一状况的出现,自然要影响到农民军的士气。这时,洪承畴和孙传庭又使出毒计,对农民军进行分化瓦解。孙传庭命令手下在附近竖起两面大旗:一面白旗,一面红旗。到白旗下的表示投降,到红旗下的表示顽抗。这一手还真的起到了分化瓦解的作用。不少农民军士兵竟然跑到白旗下,向官军投降,甚至一些农民军首领,如干公鸡、一斗谷也

暗中勾结官军，准备受抚。

连续几天的激战，农民军伤亡惨重，处境越来越艰难。一天，官军趁雨后大雾，从四面八方把农民军阵地包围起来。在乱军当中，高迎祥的坐骑不知被谁偷去。高迎祥没有办法，便跟跟跄跄地向一个山洞跑去，结果被官军发现俘获。

崇祯皇帝听到高迎祥被俘获的消息，十分振奋，下令立即解来京师处死。由于擒获高迎祥之功，洪承畴和孙传庭各晋

升一级。参加此役的官员都得到了不同的升赏。高迎祥之死对陕西的农民军打击很大，使得不少农民军首领纷纷向官军乞降。比如张妙手和蝎子块都先后受抚，他们的部众也被遣散。而后，蝎子块被孙传庭借故杀死。此次变故，使得农民军斗争一时间处于低潮，严重影响了他们的发展。李自成听到高迎祥战败被杀的消息后，十分悲痛。但他毫不气馁，继承了"闯王"的名号，继续与官军周旋。

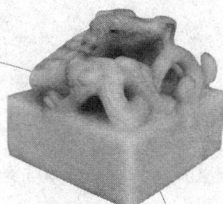

七、遭遇强敌 损失惨重

　　1637年，陕西、宁夏、甘肃、河南、安徽、四川等处燃起了起义的烽火，革命高潮一浪高过一浪。农民造反的烈火长时间不能扑灭，而且火势越来越旺，清兵还不时越关内犯，这使得崇祯皇帝十分恼火。原来的兵部尚书张风翼表现一般，对兵事无所建树，成绩平平，1636年秋天清兵内犯时，张风翼兵败后服毒身亡。崇祯皇帝一心想挑选一个懂兵事、有魄力的兵部尚书，半年中一直没有发现这方面的人才，所以这个要职竟空缺了半年。崇祯皇帝掂量再三，决定重用杨嗣昌任兵部尚书。

杨嗣昌的家庭是一个官宦之家，他自幼酷爱读书，颇通文墨，天生一副好口才，在崇祯皇帝召对时他对答如流，表现出一副胸有成竹的样子。崇祯帝更加认为他十分有能力，悔恨自己没能早些起用他。在怎样对付李自成等农民军的策略上，杨嗣昌也确确实实提出了一套似乎颇有新意的作战方案，也就是"四正六隅十面网"的策略：陕西、河南、湖广、江北为"四正"，设四个巡抚，对其进行分别围剿；延绥、山西、山东、江南、江西、四川为"六隅"，设六个巡抚，分别防范协助围剿；"四正"和"六隅"合在一起称为"十面之网"。另设"总督""总理"两个重臣，跟随农民军的去向，专门征讨他们。原任总督洪承畴、王家桢分驻陕西、

河南，而王家桢是个庸才，不足以胜任。杨嗣昌荐举福建巡抚熊文灿来替代他，并进一步提高和扩大熊文灿的实权，命他总管南京、河南、山西、陕西、四川、湖广军务，驻郧阳。

杨嗣昌制订了对付农民起义军的策略，选拔了精锐将领，但这些远远不够，还必须增加兵力，提高饷银。于是，杨嗣昌又商议增加士兵十二万，增加饷银二百八十万。到处调集兵员，利用各种名目来搜刮老百姓。崇祯皇帝为尽早除掉农民军这个心腹大患，马上答应了杨嗣昌的请求。

1637年，杨嗣昌经过一番紧张的部署，感到大体已经就绪，于是上书请求崇祯皇帝下令，命各路将领对农民军大举围剿。可以说这是一次动员了全国力量的大围剿，气势凶猛，组织严密。使农民军很快陷入十分困难的境地，在这种形势下，又有不少农民军首领纷纷受抚，有的

人甚至还回过头来成了镇压农民军的悍将。

1637年秋天，以张献忠为首的数部农民军活动在河南南阳一带。左良玉率官军尾随而至，经过激战，张献忠大败，他也受了伤。张献忠不得不率领残部退到湖广的麻城、蕲州一带。"闯塌天"刘国能在这一带活动，两部于是合兵一处，共同抗击官军。

1637年冬，洪承畴率领左光先、曹变蛟、贺人龙等一万明军，由陕西南下四川，气势汹汹地朝义军扑来。

李自成在陕西被洪承畴、孙传庭追剿，在四川境内艰苦转战了大约三个月，败走四川，于1638年初又从四川突围返回陕西。为了缩小目标，不让官军发现，李自成等西部农民军分成三部，分别与官军作战。几个月后，李自成和六队的祁总管合兵一处，大约有三千余人，然后移师四川。洪承畴一面命马科、贺人龙等将领跟踪追击，一面命曹变蛟在西乡一带搜索，并在一些交通要道部署大量官军，以防止李自成向西或向北流窜。曹变蛟还派以前投降的农民起义军士兵打入农民军内

部，进行分化瓦解和谋杀活动。例如，争管王部下的一个小头目飞天龙就是被官军策反，后来竟然把争管王杀死，作为向官军投诚的见面礼。

八月中旬，李自成率部走出川北山区，返回陕西，稍事休整，便向东转移，准备取道石泉、兴安等地，移师湖广、河南。在准备渡汉水时，左光先率官军追到，李自成战败，于是放弃了继续东进的计划，转入附近的山区活动。此时，李自成的部下人员锐减，所剩已不足两千人。官军围追堵截，李自成得不到片刻歇息，部下得不到休整和补充。尤其令李自成烦心的是，农民军首领不断地向官军投降，人心浮动。和他一起转战的六队首领祁总管，竟然也不念旧时情谊，偷偷地率领他的六百余人投降了官军。这使得李自成更加势孤力单。李自成还看到，有的农民军首领就是被身边的部下杀掉的，成了这些人投降官军的见面礼。这一切都使李自成不得不格外小心，以防被人暗算。这时从全国的情况而言，主要的农民军首领大都已受抚，李自成身边的一些首领也是战死的战死，投降的投降，所剩无几，一直坚持与官军抗衡的，主要的也就剩李自成这一支了。其余的即使没有受抚，这时也变得悄无声息。李自成这时已无力与官军正面交锋，更谈不上主动进攻了，只能与官军周旋，躲避他们的重兵围剿。不管形势变得多么险恶，李自成却始终没有受抚。仅从这一点上来看，李自成就比其他首领显得有骨气、有胆识。

李自成在陕西东南部的山区中活动了大约两个月，境况很艰难。为了摆脱这种被动局面，求得新的发展，李自成准备

再次进入河南。但是，不知是洪承畴得到了情报，还是他的判断准确，对李自成的这种动向预先做好了部署。1638年，洪承畴对孙传庭说："李自成穷途末路，一定要去潼关。你如果能在那里设下埋伏，严阵以待，定能一举捣获李自成。"于是，孙传庭在潼关南原，设下层层埋伏。由此可见，官军已预先做好了充分的难备，设下三道埋伏，只等李自成前来送死。为了尽快达到这一目的，洪承畴命令曹变蛟率精锐官军深入山区，有意识、有目的地将李自成驱赶往潼关方向。李自成不能应付，节节败退，不得不率师向潼关方向奔去，并想从这里移师河南，等待时机，以便东山再起。

这样一来，李自成就进入了官军的埋伏圈。官军平时的士气可能还不那么高，他们欺软怕硬，但此时双方的力量形成鲜明对比，他们志在必得，因此士气高涨。李自成农民军在包围中横冲直闯，没有可逃的出路。经过几昼夜的血战，大多数义军战士壮烈牺牲。激战中，李自成同妻子女儿失散，只带了七个人逃走。这就是历史上有名的潼关南原大战。这次战役中，李自成的队伍几乎全军覆没。

自李自成起事至今，潼关南原大战是他最惨重的一次失败。在此后半年多的时间里，他和少数几个亲信在陕南和川、鄂交界的山区中藏来藏去，不敢正面对敌，因此，没有与官军发生过大的战斗。直到次年五月张献忠复叛以后，李自成才又活跃起来。

八、东山再起
势如破竹

面对着张献忠、李自成复出的消息，在京城的杨嗣昌坐不住了，主动上书请罪，并表示愿亲去前线督师，力剿农民军。杨嗣昌1639年秋季抵达襄阳，依照崇祯皇帝的旨意，马上将熊文灿送往京师，襄阳是围剿农民军的前方基地，杨嗣昌到达后进一步加强了这里的防御。

在杨嗣昌一线督师之初，确实连续打了几次大胜仗，并且杀伤大量农民起义军将士。这使得他颇为得意，以为剿除张献忠只是一个时间的问题了。但在此时，他与左良玉、贺人龙等主要将领之间的矛盾开始日益激化，他们已根本不再听从指挥，调度越来越困难，这使得官军无法齐心协力地围剿农民军，因而多次坐失良机。1640年冬季，张献忠、罗汝才两部采取"以走制敌"的战略要术，张、罗二人牵着官军的鼻子跑，连续攻克了四川的诸多州县。他们在四川腹地转战了四个多月，整个四川都为之震动。在四川转战的这段时间，张、罗二部的农民军力量都迅速得到壮大。

1640年，李自成又率领部下从巴西大山深处突围而出，转入河南。李自成在河南进行了短时间的休整，这时他的队伍扩充到大约千余人。杨嗣昌一直在密切注意着李自成的去向，当他得知李自成攻入河南后，立即命令王光恩、刘洪起等将领率兵由兴安入河南进剿。让杨嗣昌没

有想到的是，李自成入河南后没有南下，而是向东活动。他率众由内乡攻到重镇南阳。

李自成这次到达河南后，他的力量十分迅速地得到了壮大，这与他贴身的谋士到处高呼"迎闯王，不纳粮"的口号有关。当时的百姓害怕加征税收，怨声载道，到处是流浪的饥民。"迎闯王，不纳粮"的口号对这些饥民简直是太有吸引力了，给他们带来一线生存的希望。再加上李自成"不杀平民只杀官"等口号，也正合乎老百姓痛恨官府的心理，所以许多农

民便纷纷加入到李自成军中。李自成每攻破一地，就将官府和豪绅富户的粮食拿来救济贫民，这与官府的苛捐杂税和加征形成了鲜明的对照。这也是李自成能顺利进军的重要原因。加上小股农民军的纷纷归附，李自成的队伍在河南发展迅速，没过多久就发展到数十万人。

　　1641年初，李自成农民军一举攻陷偃

师，杀死了知县徐日泰。随后，李自成又连续攻破了灵宝、新安、宝丰等县，洛阳的外围基本上让他控制住了，为攻占古都洛阳做好了充分的准备。

李自成扫清了洛阳的外围以后，就开始集中力量攻战洛阳。当时，洛阳是河南府驻地，也是崇祯皇帝的叔父朱常洵藩封之地，再加上它是中国历史上的古都，所以不论在政治上还是在军事上，洛阳都占有非常重要的地位。李自成之所以要全神贯注攻打洛阳，一是由于洛阳有着重要的战略地位，二是因为这里"富甲天下"，攻克了洛阳就解决了农民军的钱粮问题。

1641年初，李自成率数十万大军围攻洛阳城。起义军由北门攻城，守城士兵及一些中下级军官毫无斗志，纷纷投降。农民军像潮水一样涌入城内，百姓夹道欢呼，而后，义军覆盖洛阳全城。福王朱常洵

及其官僚全部被活捉。福王朱常洵一改往日的威风，吓得面如死灰，跪地求饶。李自成看着这位庸王，怒斥了一通。命士兵打了四十大板后处死了。随后，义军发布告示，王府中没收的金银财宝、粮草除一部分作为军饷外，其余全部分给饥民，李自成向洛阳百姓宣告："我李自成今天杀掉贪官污吏，是因为他们不顾百姓的死活，农民军是为百姓谋利的！"一席话说得百姓们热泪盈眶，一些农民纷纷参加农民军，进一步壮大了李自成的声威。

攻占洛阳对李自成来说是他的一次

重大胜利。他起事十余年来，还一直未攻克过这样大的城市，也从来没有处死过一个藩王。通过对洛阳的征讨，他看到了明王朝的虚弱，也感觉到自己力量的强大，是到了向明王朝展开更有力进攻的时候了。

当李自成攻打洛阳时，驻守开封的副将陈永福急忙率兵飞驰增援洛阳。陈永福还没来得及赶到，洛阳已被李自成攻克。李自成得知开封防守虚弱，就决定尽早攻克开封。

李自成大军向东进发，赶到开封城下，随后大举攻城。开封官军守城的情况就比洛阳要好，不仅没人暗地向农民军投降，而且官兵都表现得十分勇敢。一些乡勇纷纷进城，和官军一道与李自成农民军对抗。李自成率领农民军，围困开封城达两个月之久，城仍然没有攻下。李自成没有办法，最后，只好放弃了开封城，下令撤兵。

　　1641年冬季，义军再攻开封，虽未成功，却使崇祯帝大为恐慌，急调左良玉部由荆襄北上，任命王乔年为兵部右侍郎，火速进军河南。1642年初，汪乔年、左良玉进入河南，再次围攻闯王。诡计多端的左良玉一进河南，就占领了义军的囤粮之地——临颍，李自成闻讯后火速赶到，左良玉败退，双方在郾城旗鼓相望。在这紧急关头，汪乔年又施诡计，偷袭农民军的粮饷重地——襄城，以解郾城之围。而后，襄城沦陷，汪乔年大喜过望。谁知第二天，李自成率军赶到襄城，环城而攻，一连杀死了明军几员大将。此时左良玉并未实施汪乔年的前后夹击法，而是向南逃去，几天前还气势汹汹的汪乔年，几天后便沦落为孤家寡人，终于被义军活捉杀死。

李自成在襄城俘杀总督汪乔年以后，他所率领的队伍声威大震，河南的很多州县不战而下，不攻自破。李自成农民军扫清了开赴开封的障碍后，第三次攻打开封。李自成这次改变了战术，不再利用强攻的方法，而是实行长期围攻，使得开封不攻自破。同时，围攻开封之时定会有官军来援，让援军先聚集到一起，然后一起消灭掉，正可以起到"围点打援"的作用。

明廷这时感到十分惊慌，崇祯皇帝急忙命令督师丁启睿前往开封解围，双方会战于开封城外的朱仙镇。李自成为了防止落入明军前后夹击之势，伪造了左良玉的箭令，对守城明军大呼，叫他们不要轻易出城迎战。明军果然中计，闭门不出，这就解决了农民军的后顾之忧。农民军随后猛烈反击，打得左良玉、丁启睿纷纷逃走，明军全线溃散，义军大获全胜，开封城势在必得。此时的开封城已经成了河南明军势力的聚集地，他们坚守城池，重兵把守，强迫青年男子守城，造成户户皆兵的气势。

李自成三围开封后，改变策略，实行包围战，控制通往开封的所有交通要道，断绝守军同外面的联系。三个月里，开封城内顽固的明军已是困兽犹斗。在这种弹尽粮绝的情况

下，开封守军自感胜利无望，便派人扒开了黄河大堤，滔滔的洪水霎时间淹没了开封城，而当官的却乘船逃跑了。

开封被淹，更深了老百姓对于大明王朝的怨恨。在起义军的努力奋战之下，终于攻下了开封，扼住了明政府的咽喉。在两三个月内，李自成率领的农民军以破竹之势占领了黄河以南的五府三十五个州县，取得了中原大战的全面胜利。

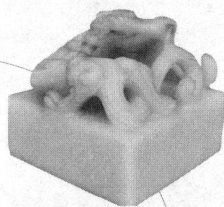

九、建制称王
建元永昌

随着农民军的节节胜利，李自成控制的区域越来越广，谋士牛金星建议李自成设置官名爵号，使自己和部下分出上下尊卑，确立自己的绝对权威，以便为日后正式建立全国性政权奠定坚实的基础。这话很合乎李自成的心意，于是在1643年正式建立了襄阳政权。

李自成把襄阳改为襄京，作为自己中央政权所在地。把襄王藩邸宫室修缮一番，作为中央机构住处。同时，李自成又改德安府为安乐府，承天府为杨武州，还

把一些州县也改了名。李自成在官制和军制上也都采取了一系列新措施,这样,一个新政权初具规模。

李自成自称"奉天倡义文武大元帅",是最高统治者。由于此时还没有建立国号,自然也就谈不上改元,所以李自成在发布文告命令时仍采取干支纪年。中央政府的最高文官为左辅、右弼,即相当于左丞相、右丞相,以牛金星为左辅,来仪为右弼。下设吏、户、礼、兵、刑、工"六政府",即相当于六部,每部设侍郎、郎中、从事官等。

从外官的设置情况而言,李自成这

时尚未设省一级官员，省以下各级则大体设置较全。府设有府尹，州设有州牧，县设有县令，分别为各级最高行政长官。另外还设提督、防御使、观察使、统制使等职，以分掌职守。

李自成最重视的是军制建设。在元帅以下，依次设置权将军、制将军、果毅将军、威武将军，再下依次是都尉、掌旅、部总、哨总等职。其下设前、后、左、中、右五营，每营设将军一人，总领其事。其下再设果毅将军、威武将军等职，分掌事权。

1643年，张献忠部也在武昌城建立了政权。听到张献忠建立政权的消息后，李自成自然十分高兴，立即派人到武昌祝贺。两个政权很快达成协议：为推翻明朝政权要各自发挥自己的实力，在独立作战时相互支援。

此时的大明王朝已是岌岌可危。北面战事仍在继续，而且有愈演愈烈的迹象。

清军自1642年南下以来，越过北京，半年内攻下两省八十八个州县，一路烧杀抢掠无恶不作。大明王朝又是何种状态呢？朝中官僚贪污成性，政令不行，国库空虚，兵饷不足，军队涣散，大明王朝一天天走向崩溃的边缘。

1643年夏，李自成率军进入河南。孙传庭去西安关帝庙誓师，希望得到这位"武圣人"的庇佑，随后立即率领十万大军出关。根据敌情，李自成制定了诱敌深入的方针，孙传庭一心想早日剿灭义军，只顾向前冲，向河南进军，沿途攻下了许多城池。九月上旬，孙传庭带兵驻守汝州。李自成的部将李养纯率部投降了孙传庭。从李养纯那里得知，李自成在宝丰留了一支主力固守作战，孙传庭于是督众进击，将宝丰团团包围。经过一番激烈猛战，宝丰终于被攻克，李自成委任的州

牧陈可新被擒杀。孙传庭带领主力部队直捣唐县。

唐县是李自成农民军的老营，农民军将领的家属都在这里住。在得知官军向唐县进逼的消息后，李自成坐立不安，他急忙派精兵前往营救。但是，援兵还未赶到，官军已将唐县攻下，农民军将士的妻儿老小全被杀掉。李自成的部将们知道后，都痛哭流涕，发誓杀尽官兵。孙传庭接连打胜仗，十分高兴，也随之大振军威。

由于连降大雨，道路泥泞，士马俱

疲。官军的粮车每天只能行二三十里，有人劝孙传庭撤退，而他却认为撤退也是缺粮饷，不如攻破郏县解决目前的粮饷问题。于是，孙传庭督大军攻破郏县。即便如此，赶上连日大雨，粮饷供应仍然日益匮乏。在汝州大战中，孙传庭的主力部队损失非常惨重。李自成在汝州大胜，孙传庭几乎全军覆没。从前的老总督如杨文岳、汪乔年之类的人物，李自成对他们根本毫不在乎，而唯独对孙传庭有几分忌惮。孙传庭现在又被李自成打得一败涂地，人们都感到明王朝的灭亡已指日可待了。

孙传庭大败汝州后，和高杰渡过黄河，由山西绕行到潼关，力图在潼关固守。李自成带领的农民军很快收复了诸州，接着就向潼关进军。对官军来说，孙传庭在汝州的大败就像一场赌博一样，已将老本输了个精光。这是明廷对付农民军的最后一支王牌军，这支王牌军的

大败就为明廷敲响了丧钟。孙传庭的精锐损失殆尽，他不得不收了一些逃散败卒回守潼关。李自成在汝州大败孙传庭后，便按照自己的既定策略，立即向潼关进军。

李自成命"一只虎"李过作为前锋，率轻骑兵追杀官军，逼近潼关，自己则率领刘宗敏等部兵力约数十万尾随而至。同时，李自成命袁宗第、刘体纯等率兵十万为偏师，自南阳向内乡、淅川，从而攻取陕西商州，从另一方向的另一条道进入陕西。

李过率前锋疾进，以迅雷不及掩耳之势攻克了近临潼关的一个州县。城内官员早已四处逃散，潼关以东的各州县城基本唱了空城计。农民军几乎不费任何力量就占领了这些州县。随后，李过马不停蹄地乘胜追击官兵，逼向潼关，夺取了孙传庭的督师大旗，李自成督诸部大举攻克潼关。孙传庭在激战中负伤战死。

孙传庭战败而死，明廷已拿不出任何可与李自成较量的官军。潼关一破，通往西安的大道已被打开。李自成随后便以破竹之势向西安挺进。李自成的大军由潼关前驱西进，接连攻克华阴、华州、渭南、临潼诸州县，逼临西安。李自成又以迅雷不及掩耳之势攻下了西安。

李自成在陕西一带的进展基本上是顺利的。虽然有时也曾遇到较顽强的抵抗，但官军守将大都是出于不愿投降的缘故，表明自己忠于明廷，而不是出于对客观形势的分析，因而很快都失败了。因为李自成的兵力如今是势不可挡，所向披靡。官军据守孤城拒降，一天两天尚可，怎能长期坚持呢？因为力量对比悬殊，官军实在太弱了，而外边再也没有可以救援的军队，顽抗或投降到头来都是以失败告终。

在这种形势下，李自成接受了谋士们的建议，决定正式建国。这就可以使自己的政权更加正规化，同时也可以进一步扩大自己的影响，为将来夺取全国政权奠定坚实的基础。

1644年正月初一，李自成在西安正式定国号为"大顺"，年号"永昌"，以这一年为永昌元年，李自成称顺王，仍没有正式称皇帝。为了进一步规范农民政权，李自成仿照明朝，更定官制，改革军制，按军功授爵。在政府增设内阁大学士、弘文馆等官职。在地方行政权方面，改省为州，分天下为十二州，在全国统一后实行。为加强政权建设，进一步搜罗人才。在西安开科取士，所有中试者都被授以府、州、县官。在经济方面，大顺政权坚持"三年不征"，没收官僚贪污所得的钱财，用以充作军费及其他费用。

李自成建立大顺国，标志着农民战争进入了彻底推翻明朝统治的关键时期。

十、明朝灭亡
清军来犯

在这种有利的情况下，进攻北京的计划很快被提到了日程上来。1644年正月，李自成率军进攻北京。崇祯皇帝得知李自成进攻北京的消息，心里哀叹大势已去，但还想作垂死挣扎。崇祯帝下诏让吴三桂进京勤王。此时山海关总兵吴三桂，接到勤王的诏书，怕李自成兵力强大，不敢进兵，但又不能不奉诏，当天下达命令，率兵士五万人，向京师进发。

但其每天行军才三十里，有意迟迟缓进。吴三桂的打算是拖延时间，待到各路援兵聚齐后，兵力雄厚，再和李自成交战，那就不怕他了。谁知才行军到丰润，京城失守的消息便传来了，吴三桂见大势已去，干脆屯兵观望。

李自成的农民军临近北京，军队分成两路。一路由李芳亮带领进入豫北，攻取保定，会师北京。另一路由李自成、刘宗敏率领进攻北京。农民军一路所向披靡，每进一城，百姓们张灯结彩，载歌载舞，欢迎农民军把他们从苦海中解救出来。

三月，农民军大部队已来到了北京城下，开始了对北京城的围攻。这一天，月色昏蒙，寒风凄冷，京城外的火光，惨红如血。一阵阵的啼哭声，夹杂着炮火声和喊杀声，昼夜不绝。崇祯皇帝扶着王承恩，踉踉跄跄地转回南宫，到了万岁山上，倚在寿皇亭的石栏边，遥望城外烽火连天，哭喊呼嚎声、兵器声、马蹄声，隐隐可辨。火光四处不绝，照得满天通红，看到

农民军已近在咫尺，繁华的京都，瞬时变成了一片焦土，这时天空的月光被浓云遮掩起来，越发显得大地黝黑，举目都是一副凄惨的景象。此时的崇祯帝才深深地感到了绝望，明白大势已去，长叹一声，含着泪爬上石扶栏，把头颈套进了丝绦，双脚一蹬，身体就高高地悬在树枝上了。崇祯帝吊死在了万岁山的一棵树上。腐朽的明王朝也随着崇祯帝的死走到了尽头。

大顺军在北京城百姓的欢呼声中迈着胜利的步伐开进城里。此时崇祯皇帝殉国的消息传到了吴三桂那里。吴三桂虽率领大军，但害怕李自成兵力强大，不敢向前，只是按兵不动。正在观望之际，忽然听到李自成派遣使者来到，吴三桂吃了一惊，随即命令手下传使者进来，使者送来了劝降吴三桂的书信。吴三桂爽快地答应归顺。在吴三桂回京的路上，听到一位从京城里逃出的家人说，老爷吴襄被刘宗敏抓走，遭到严刑拷打，家中银两全被抢走，爱妾陈圆圆被刘宗敏抢走，至今下落不明。吴三桂一听，这还了得，立刻暴跳如雷，误以为自己被李自成骗到北京，然后剥夺家财与军权，他发誓要杀了李自成。

吴三桂马上带兵返回山海关，向唐通突然发起进攻。因唐通刚在山海关驻防，立足未稳，所以很快被吴三桂击败，山海关重新回到吴三桂的手中。李自成得知山海关失守后，为事情的突变而吃惊，也为招降之事功亏一篑而感到后悔，他只好亲自出马去对付吴三桂。

1644年，李自成亲自率领大军向山海关方向进发，北京由丞相牛金星和李

过留守。李自成的大军在四月抵达永平，二十一日到达山海关，于是立即投入了战斗。以前清兵数次内犯，都没经过山海关，而是绕道南下。山海关号称"天下第一关"，地势险要，军事设施齐全。此时吴三桂早已同境外的清军联络妥当，请求清兵援助。清将多尔衮对此求之不得，立刻回信答应此事。一场激战不可避免。

李自成的大军首先和吴三桂的军队在西罗城展开激战。两军从早晨战至中午，吴三桂的力量明显处于劣势，西罗城于是被李自成军攻占，这时吴三桂的一支炮兵赶到，突然向李自成军发起猛烈炮击，稳住了阵脚。到二十二日早晨，驻守北翼城的吴军抵挡不住李军的猛攻，已向李自成军投降。吴三桂军千方百计防守，险象丛生，露出全线崩溃的迹象。在此危急时刻，清军突然赶到援战，从而使战局为之一变。

清兵突破李自成军的防线后，吴三桂军的士气大增，也发起反击。虽然刘宗敏奋勇追击，顽强督战，带领的部下也是三军之首，但此时也没法挽回颓败之势。他本人也被流矢击中，受了重伤。李自成眼看败局已定，于是急命撤军。

山海关之战是明末三大军事力量同时参与的一次大会战，也是决定大顺政权能否继续存在的一次决定性战斗，在某种意义上它也改变了中国的历史：大清政权代替了大顺政权。

面对着强大的敌军，李自成没有任何退敌的妙计，只好做出痛苦的抉择——退出北京。

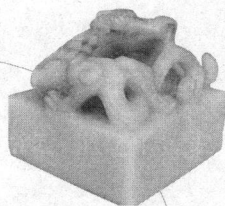

十一、英雄末路 命丧湖北

李自成在山海关一役战败和放弃京师的消息传出后，原来归降的明朝将领又纷纷反叛。李自成在五月中旬撤退到太原。此时，清军暂时停止了追击农民军，由于他们几乎瞬间占领了京师等大片区域，需要对此加以巩固，所以暂时放弃了对农民军的追击。这使李自成得到一个十分难得的短暂喘息机会，在太原住了十多天，稍微进行了休整。他留权将军陈永福率一万人马在太原固守，自己则南下平阳，随即回到西安。

在这短短两三个月的时间里，全国的形势发生了急剧的变化。清军迅速占领了京师及其周围大片区域，俨然成了中国的又一统治者，并且申明，自己的天下是从李自成手中夺得的，并不是从明朝手中夺得的。竟然还表示要为崇祯皇帝报仇。这一招十分奏效，明朝旧官员和许多士大夫在心理上得到了极大安慰和满足，因而迅速转变自己的态度，纷纷投靠到清廷麾下，使清廷很快在京师站稳了脚跟。

随着李自成主力的撤出，河北、山东一带很快丢弃。河南各地也随之效仿，纷纷反叛，李自成一边固守关中，一边极力争夺对河南、山西一带的控制权。七月李自成到达平阳后，重新布置兵力，对清军展开了全面进攻。九月，满族贵族在北方的统治日趋稳定，以为征服全国的时机已经成熟，便决定大

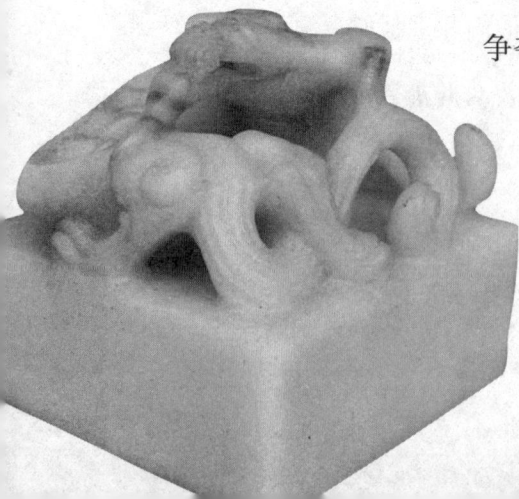

兴兵事，兵分两路，一路向西摧毁大顺政权，一路向南摧毁南明小朝廷。

十月中旬，清军英亲王阿济格率领大批清军向陕西进军，准备从陕北向下，一举消灭西安的大顺政权。吴三桂、尚可喜为前锋，经宣府、大同等地进入陕北，沿途又收编了大量降兵，总兵力达到八万人。同时间发生了怀庆战役，豫亲王多铎率领的清军原打算进攻南明，此时改变计划，转而增援怀庆，随即也向陕西杀奔而至。降将孔有德、耿仲明是其前锋，直逼潼关。这样，西安的大顺政权就处于清兵的南北两路夹击之中，形势非常不利。

李自成得知清兵大举进攻陕北，因而决定集中力量加强陕北的防务。十二月，李自成亲自率领大军赴陕北增援。此时，驻守陕北的是李过、高一功部。李自成抵达洛川后得到消息，说多铎率领的清军正直逼潼关。李自成大为震惊，于是在洛川驻足不前，以等候事态的进一步

发展，好决定下一步的策略。李自成在洛川滞留了十日，此时潼关的局势最为紧急。因此，李自成就改变了增援陕北的计划，而火速向潼关进军。从当时事态的全局而言，这个决定是正确的。因为潼关是陕西的大门，只要潼关不丢，局面就能够改观。只是来回奔波，耽误了许多时日，因而造成极大的被动。

而后，潼关大战开始。双方你来我往，拼杀得十分勇猛，都尽了全力。潼关一役，李自成的大顺军损失惨重。在潼关失守后，李自成已意识到，丢失关中已成定局，只是时间的问题而已。在返回到西安后，李自成决定立即放弃西安。

当李自成在西安撤出时，命令贺珍代替马科驻防汉中，马科在前年曾被张献忠的大西军击败过，退回到汉中，李自成在此部署，其用意也很清楚，就是想要贺珍接应李过和高一功，为北路军南下保留一条安全通道。此外，马科是明军降将，

面对这一局面，李自成对马科不能不提防，因此就命贺珍取代他镇守汉中。李自成撤出西安，张献忠的大西军在三天后就发兵来抢夺汉中。所以，大顺军和大西军便在汉中再次发生冲突。大西军虽然在人数上占有绝对优势，但因为轻敌，中了贺珍的埋伏。大西军仓皇而逃，主帅艾能奇被俘，其余部队退回成都。这样，北路大顺军的南撤就有了一条安全通道。从这次冲突看来，大顺军与大西军的联合已经不可能了。这也正是导致这两大农民军相继被清军消灭的重要原因。

李自成首先向东南方向撤退，他们并

没有直接从武关奔襄阳，而是绕道先进入河南，经淅川、内乡到邓州，再由邓州南下襄阳。当李自成抵达内乡时，曾作了短暂的停留。但由于清兵尾随而至，北路清军也直追而来，这种情况不允许在内乡久留，最后李自成就撤往邓州，由邓州再返到襄阳。

李自成在襄阳也没有停留很长时间，就转移到承天、荆州、德安一带。由于大顺政权在这一带的基础较好，因而许多州县仍处在其控制之下。李自成沿途收拢

在这一带驻防的大顺军，使兵力得到一定的补充，实力有所加强。李自成将这些守御地方的大顺军收编起来，目的是扩大力量，一起南撤，以躲避和防御清兵的追赶。由阿济格率领的北路清军进军十分迅速。他的任务本来是进攻陕西，但他在内蒙一带征集马匹，耽误了时间，阿济格为此受到多尔衮的训斥，同时多铎攻破西安。这样，阿济格为了立功赎过，从进入陕北后就火速南下，分兵围攻榆林和延安，自己亲率主力南下追击李自成。

而多铎率领的那支清军则回头去进攻南明。在阿济格的追击下，李自成几乎没有一丝喘息的机会。他意识到襄阳无法坚守，所以就将这里的守御兵也收编起来，一起南撤。在撤退过程中，他和阿济格率领的清军激战无数次，希望能扭转被动局面，但结果都是以失败告终，损失惨重。

当三月初李自成大军到达承天时，镇守武昌的左良玉曾向南京的福王政权紧急告急。李自成率大顺军抵达潜江，声称要攻打武昌，因此使得左良玉大为恐慌。在长期的角逐中，左良玉是逢李必败，几乎没有得到什么便宜，所以打心眼里害怕李自成。而对付张献忠他就显得特别有办法，几乎是逢张必胜。所以，张献忠也一直把左良玉当做劲敌，尽量避免与他

发生摩擦，这也就成了左良玉的一个重
要资本。在当时，左良玉的这支军队可以
说是南明政权中最得宠的一支部队，有着
相当强的战斗力。只是，当他一听到李自
成率兵来夺取武昌的消息后，心里非常
害怕。为了不与李自成发生正面冲突，他
就以"清君侧"和救太子为旗号，率兵顺
流东下，直逼南京。

当时在南京发生了"伪太子案"。有
一个年轻人从北京到杭州，又到金华，
说自己是死里逃生的崇祯皇帝的太子。
如果是事实的话，他将是明朝皇统的正
式继承人，南明政权就应该拥立他为皇
帝。此时在南京即位的是福王朱由崧，年
号弘光，史称南明福王政权。福王听说这
件事后十分震惊，立即派人把这个年轻
人带到南京，然后投入监狱，说他假冒太
子，对他施以重刑，想把他害死。南明朝
野上下对此事议论纷纷，多数大臣认为
是假皇太子，少数大臣则不明确表示自

己的态度，一些内侍则认为是真的，但慑
于福王的威权而没有敢谏言的。但是，当
时南京的市民多称其是真太子。这件事与
"朋党之争"又掺和在一起，因而变得愈
加复杂化，许多在外武将都扬言太子是
真的。南明朝廷为这事特别伤脑筋，一时
不敢把这个年轻人草率处死。这就给左
良玉提供了一个起兵借口，以"奉太子密
旨"诛杀权奸马士英为名，大举进兵，顺
流东下，放弃了武昌城。一个月后，李自成
的大顺军不费一兵一卒就进入武昌。由
于当时阴雨连绵，道路泥泞不堪，大顺军
中的大量随军家属，又以老弱病残居多，
这给行军造成极大
的困难。李自成原
想在武昌休整一段
时间，他甚至还在
附近州县委任了大
顺政权的官员。但
是，由于清兵进军

神速，李自成在武昌仅仅停留了两天，就顺流东下，向九江转移。

武昌地理位置十分重要，是个著名的军事重镇。李自成刚刚到达武昌时，他就想把武昌作为根据地，在这里据守，所以命令田见秀等率领农民军迎击尾随而至的清兵，只是很快便失败了，面对拥有如此强大攻势的清军，李自成意识到无法在武昌立足。为了尽快摆脱清军，他决定撤离武昌城。至于大顺军到底该撤往什么地方，就当时的形势而言有两条路，一是顺江东进，二是南下。李自成于是率领大顺军从武昌先东进九江。

当李自成率部队撤退到富池口时，清兵赶了上来，两军短兵相接，大顺军损失十分惨重。富池口毗邻九江西，是沿江军事要地。李自成在这次战斗中几乎没进行有效的抵抗就仓促撤往九江西。清兵依然马不停蹄地尾随在农民军身后，一点喘息的时间也不给，李自成不得不随之放弃九江西，转而向西南方向撤去。总体而言，大顺军自从撤出武昌以后，虽曾对清军进行过几次反击，但都是以失败

告终，大将刘宗敏和军师宋献策也被清军俘获后杀掉。尽管如此，李自成从九江西转而向西南方向撤退，应该说还是有他的策略的。

九江地处湖北、江西和安徽三省交汇处，是当时著名的军事要地。左良玉抵达九江后没过多久，就由于伏惧、烦闷，引起旧病突发，"呕血数升"而死。他的儿子左梦庚接替左良玉之职带领其众，驻扎在九江东，此后攻城略地，很快占领了江西和安徽交界处的许多州县。李自

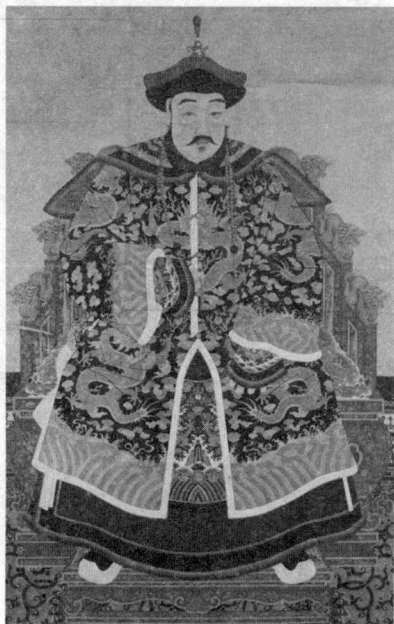

成率领大顺军移师九江西后，不敢在此地久留，于是掉头南下，向江西和湖北交界地区转移。从此时的形势而言，李自成正处于被前后夹击的危险境地。当清兵到达后，左梦庚不仅没有对清军进行任何抵抗，反而携城投降了。

1646年夏天，中国政治舞台上的几大军事集团都云集在长江中下游，进行殊死的较量，而占绝对优势的则是清军。多铎统率的清军已在四月攻克扬州，史可法殉难，南明的福王政权已朝不保夕。李自成此时已处于十分被动的境地，他转向西南方向的通山县进击，企图打破这种被动局面。但由于李自成连遭败绩，无数船只都被清军夺走，部下也已经散亡过半。

李自成率部退到通山县东南的九宫山一带。此时正值盛夏季节，酷暑难耐，再加之疾病肆虐，农民军的士气尤为低落。此时最大的困难就是军饷的筹措问

题，大批人马集中在这一小小山区，打粮特别困难，打粮的士兵还屡次遭到乡勇的袭击。有些人实在忍受不了，就偷偷地投降了清军。

阿济格率领清军尾随而至，对农民军展开了大规模围攻。此时李自成的部下已是士气不振，几乎已没有任何战斗力，连遭败绩。他的两个族叔被清军俘虏，养子张鼐的妻子也成了清军俘虏。跟随自己征战多年的大将也损失殆尽，这一切都极大地动摇了李自成的信心。

李自成率领几个随从越过九宫山岭时，遭到许多乡勇的袭击，最后他和随从

被冲散。李自成独自一人来到小月山的牛脊岭，结果被乡勇程九伯等人打死。当时他们还不知道这个人是谁，后来才发现，这个被打死的人原来就是赫赫有名的闯王李自成。李自成的戎马一生到此就结束了，死时年仅41岁。至此，中国历史上硝烟弥漫的明末农民大起义也同时彻底退出了历史的舞台。

悠悠三百年，弹指一挥间。李自成及其将领们的革命精神将与世长存，永载史册。